© 2015 Les Publications Modus Vivendi inc.
© 2013 Moose Enterprise Pty Ltd.
Tous droits réservés.

Les logos, noms et personnages de
Shopkins™ sont des marques déposées
ou non déposées de Moose Enterprise Pty Ltd.

Publié par Presses Aventure, une division de
Les Publications Modus Vivendi inc.
55, rue Jean-Talon Ouest
Montréal (Québec) H2R 2W8
CANADA

www.groupemodus.com

Éditeur : Marc G. Alain
Responsable de collection : Marie-Eve Labelle
Designer graphique : Catherine Houle
Rédactrice : Nolwenn Gouezel
Correctrice : Catherine LeBlanc-Fredette

ISBN 978-2-89751-092-3

Dépôt légal — Bibliothèque et Archives nationales du Québec, 2015
Dépôt légal — Bibliothèque et Archives Canada, 2015

Nous reconnaissons l'aide financière du gouvernement
du Canada par l'entremise du Fonds du livre
du Canada pour nos activités d'édition.

Gouvernement du Québec — Programme de crédit d'impôt
pour l'édition de livres — Gestion SODEC

Imprimé au Canada

Shopkins™

Des courses de folie !

1

Histoires drôles et devinettes en folie

Bienvenue au supermarché des Shopkins rempli de délicieuses figurines à collectionner au fil des rayons : fruits et légumes, confiserie, surgelés, santé et beauté, etc. Découvre des devinettes, des charades et des jeux de mots pour faire des courses de folie en compagnie de quelques vedettes du supermarché !

FRUITS ET LÉGUMES

Sur le même étalage,
viens découvrir les fruits
et les légumes. Les starlettes
du rayon sont l'irrésistible
petite fraise, FRAISY,
et, pas plus haute
que trois pommes,
la craquante
POMMETTE.

Où les SUPERHÉROS font-ils leurs courses ?

Réponse :
Au supermarché,
bien sûr !

Dans le rayon **BOULANGERIE**, comment sont rangés les produits ?

Réponse :
Dans l'ordre
décroissant
(des croissants)

Plus je suis vieux,
plus je sens fort.

Quel
PRODUIT LAITIER
suis-je ?

Réponse :
Le fromage

Quel est
le comble pour
SAVON'MOUSS?

Réponse :
Avoir des
moustaches
(mousse-tache)

Quelle est l'épreuve sportive préférée de **TOUNETTE**, la boîte de thon ?

Réponse :
Le marathon

PRODUITS LAITIERS

La crème de la crème
des Shopkins, ce sont
les **PRODUITS LAITIERS** !

Mais on ne va pas en faire
tout un fromage,
n'est-ce pas ?

On attend sur mon **PREMIER** avant d'embarquer.

Mon **DEUXIÈME** sert à couper du bois.

Mon **TROISIÈME** est la veille d'aujourd'hui.

Mon tout travaille au supermarché.

Réponse :
La caissière
(quai – scie – hier)

Quelle est la différence
entre un avion
et **CHEWBUBBLY**,
le chewing-gum?

Réponse :
L'avion décolle tandis que
Chewbubbly colle !

LAITCHOUETTE

et Fromette ont déserté le rayon des produits laitiers.

«Comment allons-nous faire? se demandent les autres Shopkins du rayon. C'est impossible de faire une omelette sans eux (sans œufs)!»

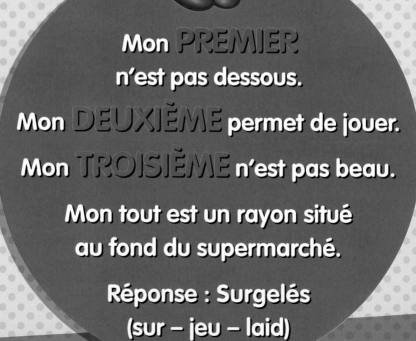

Mon PREMIER
n'est pas dessous.

Mon DEUXIÈME permet de jouer.

Mon TROISIÈME n'est pas beau.

Mon tout est un rayon situé
au fond du supermarché.

Réponse : Surgelés
(sur – jeu – laid)

Pourquoi les ZÈBRES n'aiment-ils pas faire leurs courses au supermarché ?

Réponse :
Parce qu'ils n'aiment pas être confondus avec des codes barres !

BOULANGERIE

Des pépites par-ci, de la crème par-là, voici les Shopkins de la boulangerie : Panette, Briochette, Cheesycake, Muffinette, Gatochouette, sans oublier les reines du goûter : Donuta et Cooky.

Quelle est la différence entre un ROBOT et une sauce tomate?

Réponse :
Il n'y en a pas. Tous les deux sont automates (aux tomates)!

Quelle est la musique préférée de FROMETTE, le fromage?

Réponse :
Le « râpe »... à fromage

18

CONFISERIE

Dans la confiserie,
retrouve CHOCOLETTE,
la starlette du rayon,
mais aussi Candykiss,
Riglissa et riglissette,
Barbamiss, Draginette
et bien d'autres friandises
plus sucrées les unes
que les autres.

Pourquoi fait-on
des trous au centre
des BEIGNETS ?

Réponse :
Pour pouvoir
regarder
au travers !

Parmi les fruits,
lesquels sont
les plus PRESSÉS?

Réponse :
Les citrons
et les oranges

Mon **PREMIER** est
le contraire de mauvais.

Mon **DEUXIÈME** est
le contraire de mauvais.

Mon **TROISIÈME** est
le contraire de mauvais.

Mon tout est une confiserie Shopkins
à consommer avec modération.

Réponse :
Bonbonbon
(bon – bon – bon)

Toc, toc, toc !
Qui est là?

Ray...

RAY qui?

Ray Yon... Rayon
de supermarché

PRODUITS DE LA FÊTE

Chipsy, Bretzette, Gely, **GATORIGOLO**, **SODAPOPS**, Panetona et leurs amis n'attendent plus que toi pour faire la fête ! On peut dire que pour mettre de l'ambiance, ces Shopkins en connaissent un sacré rayon. Prends ton panier et viens vite les retrouver.

ÉDITION LIMITÉE

Avis à tous les collectionneurs : **QUEENYCAKE**, Boutondor, **TOUNETTE**, Chouettecake, **TOMATOS** et Soleia sont les Shopkins les plus rares du supermarché.

Poissinette, le bâtonnet de poisson est parfois énervante.

Mais quand on lui dit « Arête ! », tout de suite, ça jette un froid.

Monsieur et madame
Nana ont une fille.
Comment s'appelle-t-elle ?

Réponse :
Anne…
Anne Nana
(Annana)

Les petites
graines noires dans
la PASTÈQUE
sont-elles des pépites
ou des pépins ?

Réponse :
Des pépins !

« Est-ce vrai
que manger des CAROTTES
est bon pour la vue ? »
demande Panette à Tomatos.

« Je ne sais pas, mais je n'ai jamais vu
des lapins porter des lunettes ! »
répond Tomatos.

« Ils préfèrent peut-être
les lentilles ! » ajoute Panette.

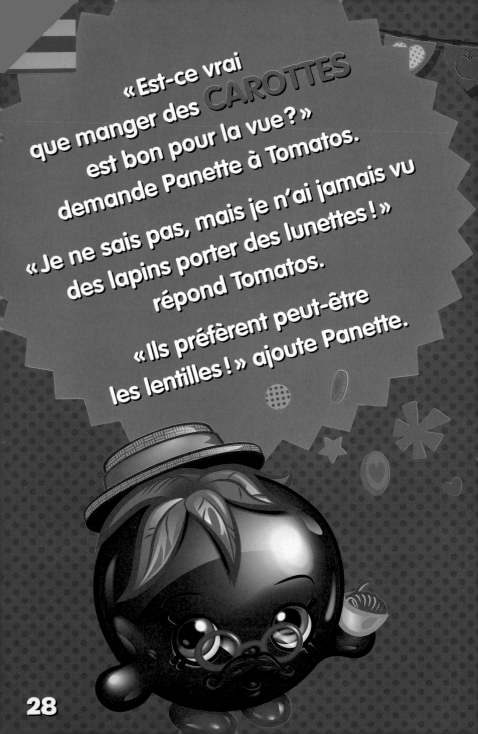

Quel est le comble n° 1
pour Glagla, le GLAÇON ?

Réponse :
Avoir de la température
quand il a pris froid !

*

Quel est le comble n° 2
pour GLAGLA,
le glaçon ?

Réponse :
Fondre en larmes !

PRODUITS D'ÉPICERIE

Es-tu plutôt sucré ou salé?
Préfères-tu le beurre
de cacahuète
ou la CONFITURE?

Voici quelques ingrédients
indispensables si tu aimes
te préparer à manger.

Je suis un fruit exotique.

Ma peau est dure
et elle ressemble à des écailles.

Les Amérindiens me surnomment
NANÁ NANÁ, qui signifie
« le parfum des parfums ».

Quel fruit suis-je ?

Réponse :
L'ananas

SURGELÉS

Voici des Shopkins qui vont te faire fondre de plaisir. POIPOIS, Glassounette, Frozie et les autres surgelés te mettront le glaçon à la bouche !

Mon **PREMIER** est
le contraire de « avec ».

Mon **DEUXIÈME**
est l'initiale de Théo.

Mon **TROISIÈME** apparaît
au début et à la fin de l'été.

Mon **QUATRIÈME** n'est pas laid.

Mon **CINQUIÈME**
est une boisson.

Mon tout est un rayon dont
on ne mange pas les produits.

Réponse :
Santé et beauté
(sans – t – é – beau – thé)

Quel chiffre
porte bonheur
à Cocotte?

Réponse :
Un 9…
de poule !

Qu'y a-t-il après
un œuf de Pâques?

Réponse :
Un 10 de Pâques !

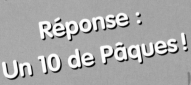

Une pomme verte très brillante, comment l'appelle-t-on ?

Réponse : On « la pèle » avec un couteau.

Quel est le comble pour Poirette, la poire ?

Réponse : Tomber dans les pommes

SANTÉ ET BEAUTÉ

Les reines de beauté sont
à l'affiche. En vedette :
GLOSSY, dans le rôle du rouge
à lèvres. Santé et beauté,
un rayon à ne pas manquer.

À voir ou à revoir dans le
supermarché des Shopkins !

Monsieur et madame Adan ont deux ENFANTS. Comment s'appellent-ils?

Réponse :
Pat Adan et Bross Adan
(Patadent et Brossadent)

Dans quel rayon les anges sont-ils HEUREUX quand on leur fait peur ?

Réponse :
Au rayon de la boulangerie
(Bouh ! L'ange rit.)

Quel GÂTEAU hulule dans le rayon de la boulangerie ?

Réponse :
Gatochouette,
le chouette gâteau

Quel produit surgelé ne fête jamais son **ANNIVERSAIRE**?

Réponse :
Poissinette, le bâtonnet de poisson, parce qu'elle n'est pas née (panée) !

Quel est le rêve de **MAMAPIZZA**, la pizza?

Réponse :
Danser le ballet pour apprendre à faire des pointes !

Une **TOMATE** se fait
écraser en traversant la route.
De l'autre côté de la rue,
son amie s'impatiente :
«Tu te dépêches, Ketchup?
On va être en retard!»

Je suis le chouchou
de certains végétariens.

Certains me mangent cru,
« cuit l'eût cru ! »

À la vapeur, je fais
un malheur, en gratin,
je fais moins le malin.

Mon cousin éloigné le chou-fleur
devrait se mettre au vert.

Quel LÉGUME suis-je ?

Réponse : Le brocoli

COURS DE KARATÉ

Dans l'allée du magasin, Chocolette a installé des bâtons par-dessus deux paniers.

« Salut Chocolette ! Que fais-tu avec tous ces bâtons ? » demande Pommette.

« C'est pour jouer au limbo ? » s'interroge Glossy.

« Non, je vais vous faire une démonstration de karaté ! » répond Chocolette.

Pour impressionner ses amies, Chocolette
fait quelques échauffements comme
une véritable karatéka.

«Ne ferais-tu pas mieux d'essayer avec
un seul bâton pour commencer?»
demande Pommette, un peu inquiète.

«Pfff! Je suis une experte en karaté! répond
Chocolette avec beaucoup d'assurance.
Regarde et prends des notes!»

Chocolette s'élance dans les airs et tente
de fendre tous les bâtons avec une main.
Mais son cri de karatéka se transforme
rapidement en cri de douleur.

« Kaï… Aïe ! » hurle-t-elle
en retombant sur ses pieds.

« Est-ce que ça va ? lui demande Pommette.
Ça doit faire mal ! »

Vexée, Chocolette fait aussitôt une nouvelle tentative, puis une autre et encore une autre… Elle enchaîne les essais, mais en vain. Les bâtons ne bougent pas.

« Tu es sûre que ça va ? » insiste Pommette.

« Ça doit vraiment faire mal ! » dit Glossy, embarrassée pour son amie.

« Même pas mal ! Je suis une experte en karaté ! » répond Chocolette, bien trop fière pour laisser paraître la douleur ou abandonner.

Pommette et Glossy sont impuissantes devant l'acharnement de Chocolette, qui ne baisse pas les bras.

«Kaï… Aïe! Aïe! Aïe!»

Après de nombreuses tentatives infructueuses,
Chocolette finit par renoncer.

«OK, j'avoue, je ne suis pas une experte
en karaté…» dit Chocolette, désespérée.

C'est alors que, contre toute attente,
les bâtons se brisent en mille morceaux.

«… car en réalité, je suis une professionnelle
du karaté!» poursuit-elle gaiement.

Alors que Chocolette s'éloigne en sautant de joie, Glossy et Pommette s'avouent impressionnées par la prestation de leur amie.

Entre deux rayons, à l'abri des regards, Chocolette fait moins la fière.

«Ahooou ! Je ne recommencerai plus jamais ça !» se dit-elle en agitant sa main endolorie.